Learn
Bilingual Book
The Adventures of Julius Caesar
Swedish - English

© Bilinguals

www.bilinguals.ink

© 2015 Bilinguals
Print Edition
All rights reserved

Discover the Fun, Addictive Way to Learn Swedish!

Introducing Our New Bilingual Text Series.

Each Unique Story is Inspired by a Historical Figure & Written in Modern Language for Readers of All Ages to Enjoy!

Looking for a fun way to learn Swedish? We've got the book series for you!

Our new bilingual text series features books written Swedish for all skill levels. Translated sentence by sentence, the corresponding English translation is placed below the original Swedish sentence so you can easily compare the vocabulary and sentence structure. We have found this presentation technique creates a fun and motivating way to learn, with many readers saying the learning experience is similar to putting a puzzle together. Our readers learn a new language faster, because they are reading content that interests them and the sentence by sentence translation guarantees that the natural reading flow is not interrupted.

Learn Two Things At Once!

Using modern language, we present fresh views on exciting and important historical events, so that not only do you learn a new language, but you also gain valuable general knowledge.

With this edition you get:
• Translations that use modern, "chatty" language so that you better understand what's written and learn words people actually use today!
• Stories written to entertain you. They are funny, interesting AND they carry educational value so you'll want to keep reading and learning!
• Stories told by different characters in the first person – this unique story-telling method will keep you engaged and make your reading experience even more enjoyable!
• Content that is based on facts so that you increase your general knowledge, while also learning a new language!

Other Books from this Series:

Learn Swedish - Bilingual Book
The Life of Cleopatra

Learn Swedish - Bilingual Book
The Adventures of Julius Caesar

Learn Swedish - Bilingual Book
Vercingetorix vs Caesar - The Battle of Gaul

Learn Swedish - Bilingual Book
The Starry Night

BILINGUAL	7
Bilingual - The Young Julius Caesar	8
Bilingual - Kidnapped	18
Bilingual - Macresco	28
Bilingual - Servilia – The Other Woman	38
Bilingual - The Last Days of Caesar	47
SWEDISH	57
Den unge Julius Caesar	58
Bortförd	62
Macresco	66
Servilia - den andra kvinnan	70
Caesars sista dagar	74
ENGLISH	78
The Young Julius Caesar	79
Kidnapped	83
Macresco	87
Servilia – The Other Woman	91
The Last Days of Caesar	95

BILINGUAL

Den unge Julius Caesar
The Young Julius Caesar

Mitt leende ansikte hade den sällsamma gåvan att öppna dörrar för mig.
My smiling face had a funny way of opening doors for me.

Alla mina vänners mammor ansåg att jag var den sötaste pojken i hela området, och min goda uppfostran kom mig också väl till pass.
All the mothers of my friends thought I was just the cutest young boy and my good manners didn't hurt either.

När jag knackade på trädörren till min kamrat Julius Caesars hus, följde hans mor Aurelia Cota mig ända in i husets inre.
When I knocked on the large wooden door at the home of my buddy Julius Caesar, his mother Aurelia Cotta ushered me into the house.

"Välkommen, Flavio", utropade hon med ett leende.
"Welcome Flavio," she exclaimed with a grin.

"Julius har verkligen tur som har en vän som dig."
"Julius is so blessed to have a friend like you."

Jag accepterade artigt hennes vänliga ord genom att böja huvudet (och naturligtvis med ett brett leende), och sedan gick jag mot gården, där jag visste att

Julius lekte.
I graciously accepted her kind words with a nod of my head (and a big smile of course) then headed for the courtyard, where I knew Julius would be playing.

Julius hus var ganska stort jämfört med andra romerska hus.
Julius's house was pretty big as Roman houses go.

Det var inte det största huset i Rom, helt säkert inte, men det var i alla fall imponerande.
Not the largest in Rome, by any means, but impressive just the same.

Julius far var Gaius Julius Caesar.
Julius's father was Gaius Julius Caesar.

Han var en bekant magistrat och före detta guvernör över Asien.
He was a well-known magistrate and former governor of Asia.

Dessutom kom Aurelia Cota från en av Roms bästa familjer, alltså var Caesars familj inte fattig.
Aurelia Cotta was also from one of the better families in Rome so Caesar's family was not poor.

Familjens hus befann sig på en stor kulle och betraktade staden från höjden.
Their house sat on a large hill overlooking the city below.

När jag hittade honom roade sig Julius med ett benspel.

When I found Julius he was amusing himself with a game of knucklebones.

Detta spel spelas med små ben från klövarna på får eller getter.
The game is played using the small knucklebones of sheep or goats.

Spelet går ut på att kasta en handfull ben i luften och uppnå att så många av dem som möjligt faller på handryggen.
The object of the game is to throw a handful of knuckles into the air and have as many of them as possible land on the back of your hand.

Ju fler ben som används, desto svårare är det.
The more knuckles you used the more difficult.

Som du kan föreställa dig var det inte ett lätt spel att spela, men Julio verkade njuta av utmaningen.
As you might imagine, it wasn't an easy game to play but Julius seemed to be enjoying the challenge.

"Åh, Flavio", ropade Julio.
"Oh Flavio," yelled Julius.

"Jag är så glad att se dig. Jag höll på att bli galen, för att jag inte hade någon att leka med. Nåja, ingen utom min syster Julia, men jag stod inte ut med tanken på att leka med dockor." "Nu kan vi leka en krigslek."
"I am so glad to see you. I was beginning to go crazy having no one to play with. Well, no one but my sister Julia and the thought of playing with dolls again was just too much for me to endure."

"Du, Flavio, kan vara Roms fiende, och jag är den store Caesar: Den bäste romerske soldat man någonsin har sett!"
"Now we can play a game of war. You Flavio can be the enemy of Rome and I will be the Great Caesar. The finest soldier Rome has ever seen!"

Jag var just på väg att klaga på att alltid vara fienden när Julius kastade till mig ett svärd från sin leksakslåda. Svärdets fäste landade inte långt från mina fötter.
I was just about to complain about always being the enemy when Julius tossed me a wooden sword from his toy box; the handle of the blade landed inches from my feet.

En sekund senare hade Julius redan hämtat sitt eget svärd ur lådan och kastade sig över mig som en ilsken tjur.
As the next second passed, Julius had already pulled his own sword from the box and was charging me like a raging bull.

Jag var en stor pojke för mina tio år och Julius var mycket mindre, men jag visste att den store Caesar skulle låta mig ligga på golvet och tigga om nåd om jag inte handlade snabbt.
I was a big boy for ten and Julius was much smaller but I knew if I didn't act quickly the Great Caesar would have been on my back begging for mercy.

Jag böjde mig för att snabbt plocka upp mitt svärd och parerade Ceasars första slag med min

svärdsklinga.
I bent over quickly to pick up my sword and deflected Caesar's first blow with the edge of my blade.

Vår första strid varade minst fem minuter, och svärden slog gång på gång emot varandra, tills jag slutligen drog mig tillbaka.
Our big battle lasted for at least five minutes with swords crashing into one another until I finally retreated.

Till slut vann den store Caesar kampen, som väntat.
In the end, as expected, the Great Caesar remained victorious.

"Finns det något att äta?", frågade jag och gned mig hungrigt på magen.
"Is there anything to eat," I asked, rubbing my stomach with hunger.

"Jag tror att den store Caesar kan hitta en eller två småbitar åt den besegrade", sa Caesar och skrattade. "Vad tror du om en skål fikon och honung?"
"I think the Great Caesar can find a morsel or two for the defeated, said Julius laughing. How does a bowl of figs and honey sound?"

Jag följde Caesar från gården till den bakre delen av huset, där **culinan** eller köket befann sig.
I followed Caesar from the courtyard to the back of the house where the Culina or kitchen was located.

Det var bara slavar som lagade mat i Caesars kök, men idag var det lilla rummet tomt.
In Caesar's kitchen only slaves cooked meals but

today the small room was empty.

"De är antagligen i trädgården för att plocka örter till dagens kvällsmat", sa Julius.
"They must be in the garden collecting herbs for tonight's meal," said Julius.

"Det verkar som om vi måste betjäna oss själva:"
"We will have to help ourselves it seems."

Medan vi båda var upptagna med att leta efter den söta honungsburken lyssnade vi till när vi hörde ett bekant skratt.
While the two of us were busy looking in the pantry for the sweet pot of honey some familiar laughter caught our attention.

Bakom oss var just Julius syster Julia och hennes lekkamrat Cornelia på väg att inträda i rummet.
Behind us just entering the room was Julius's sister Julia and her good friend Cornelia.

"O, Jupiter, det är ju bara min fula syster", klagade Caesar.
"Oh God, it's just my ugly sister," Caesar complained.

"Hur vågar du tala så till mig?", svarade Julia.
"How dare you address me in such a manner," Julia responded.

Innan Julius kunde säga något mer, flög en stor träsked genom luften och träffade honom precis på baken.
Before Julius could speak again a large wooden

stirring spoon came flying through the air, hitting him directly on his backside.

"Mitt i prick"", utropande Julia.
"Bull's-eye," Julia shouted.

Caesar började i sin tur förfölja flickorna i köket och uppmuntrade mig att ansluta mig till kampen.
Caesar, in turn, started chasing the girls around the kitchen encouraging me to join the battle.

Medan jag som en god soldat följde Julius märkte jag att han använde hela sin energi till att fånga Cornelia och inte Julia.
As I followed Julius like a good soldier I noticed he was spending all of his energy trying to catch Cornelia and not Julia.

När han slutligen nådde fram till henne och höll fast i hennes arm hade den unga Cornelia något emot det.
When he finally caught up with her and took her by the arm, the young Cornelia objected.

"Det är inte mig du vill ha, Julius".
"It's not me that you want Julius."

"Det stämmer inte", sa Caesar, och sen började vi alla skratta dumt.
"Not true," Caesar said, whereupon everyone began to giggle and laugh.

Dessutom blev Cornelia alldeles röd.
Cornelia was also beginning to blush.

Därefter sprang båda flickorna snabbt in i huset och lämnade oss två ensamma med vår honung.
With that both girls scampered off into the house leaving the two of us to our honey.

"Ännu en vunnen kamp", sa jag till Caesar medan vi åt.
"Another battle won," I commented to Caesar as we ate.

"Nästan vunnen", svarade han.
"Almost won," he replied.

"Men en dag kommer jag att gifta mig med den flickan."
"But I will marry that girl one day."

Det trodde jag utan tvivel på. Min vän Julius var inte vilken vanlig pojke som helst.
I believed him without a doubt. My friend Julius was not just another ordinary boy.

Han hade något som var annorlunda.
There was something about him that was different.

Med tiden skulle man veta det.
Time would tell the tale.

———

När Julius var bara femton år dog hans far, och en tid senare förändrade sig hans värld.
When Julius was only fifteen years of age his father died and soon after his whole world began to change.

Vi hade dessförinnan stått varandra väldigt nära, men

efter hans fars död distanserade vi oss från varandra.
We had been close up until then but after his father's death we slowly grew apart.

Jag var upptagen med att arbeta på min familjs odling och hjälpte till genom att se efter vinstockarna, och Julius påbörjade en ny karriär i hären.
I was busy working on my family's plantation helping tend the vineyards and Julius was beginning a new career with the army.

Hans hjältedåd som soldat och senare som befälhavare var föremål för samtal i byn.
His exploits as a soldier and then as a commander were the talk of the town.

Trots sina unga år blev Julius snabbt en storartad soldat, och ännu viktigare, en stor ledare.
Despite his young age Julius quickly became a great soldier and more importantly, a great leader.

Det gick rykten om att han skulle gifta sig, men av anledningar som de flesta inte kände till firades detta bröllop aldrig.
There had been a rumour in those early days that he was to marry but, for reasons unknown to most, the marriage never occurred.

Ändå var anledningen ganska uppenbar för mig.
However, the reason was quite clear to me.

Det handlade helt enkelt inte om hans livs kärlek.
She simply wasn't his true love.

Flera år senare, när han var arton år, gifte sig äntligen Julius Caesar.
Several years later at the age of eighteen Julius Caesar finally did marry.

Bruden var samma flicka som han hade förföljt i sina föräldrars kök så många år tidigare: Cornelia!
The bride was the very same girl he had chased so long ago in his father's kitchen; Cornelia!

Bortförd
Kidnapped

Den unge Caesar stod vid relingen på ett romerskt skepp, som transporterade spannmål, och betraktade havet framför sig.
The young Julius Caesar stood at the bow of the roman grain ship and looked out at the sea before him.

Pojken, som jag hade sett efter sen flera år, hade snabbt blivit vuxen och förvandlats till en man som besatt alla sin fars dygder.
The boy I cared for years ago had grown quickly into a very handsome man.

Eftersom jag hade varit hans personlige läkare visste jag mycket väl att Julius vuxit upp och blivit en man som kunde se efter sig själv.
As his personal physician I knew all too well how capable a man Julius had become.

Men hans mor, en överdrivet ängslig kvinna, ansåg att Caesar inte ens kunde knyta sina sandaler utan att en legion av hjälpredor befann sig vid hans sida!
But his mother, a bit of a worry wart, had the idea that Caesar couldn't tie the laces of his sandals without a legion of helpers at his side!

Jag var anställd som barnflicka.

I was hired to babysit.

Morgonens tjocka dimma började just lösa upp sig.
The heavy fog from earlier that morning was just beginning to lift.

Jag gjorde Julius sällskap på däck och vi betraktade båda tigande hur solen banade sig en väg genom molnen.
I joined Julius on the deck and we both quietly watched the sun break through the clouds.

Han var på väg till ön Rhodos för att studera filosofi, och hans mor hade skickat mig för att göra honom sällskap på resan.
He was on his way to the island of Rhodes to study philosophy and I had been sent with him on this journey by his mother.

Denna resa till Rhodos skulle bli en kort men välkommen paus från de dagliga fordringarna i det oroliga Rom.
This trip to Rhodes would be a short but welcome retreat from the daily demands of a busy Rome for both of us.

Julius hade just gjort det bekvämt för sig på en liten provianttunna, och börjat läsa en bok som han tagit fram ur sin mantels inre, när allt började.
Julius had just settled down on a small keg of rations and was starting to read a book he had pulled out from under his cloak and that's when the action began.

Jag ville just låta honom studera i fred när en torr, högljudd och skrämmande stöt skakade skeppet.
I was about to leave him to his studies when a loud and disturbing thud shook the ship.

Utan Julius kraft och snabbhet hade den här gamle läkaren kunnat ramla över relingen direkt ner i havet.
If it hadn't been for Julius's strength and speed this old doctor might have been thrown right over the side of the ship and into the sea.

Jag stammade ett snabbt tack, medan jag återfick balansen på båda fötterna.
I mumbled a quick thank you as he steadied me on my feet.

Sedan vände vi oss båda om för att se efter vad som förorsakat ett sådant oväsen, och vi såg ett mindre skepp, med utländsk flagga, som klamrade sig fast på ostsidan av aktern.
Then we both turned to see what had caused such a loud noise and saw a smaller ship boasting a foreign flag hugging the east side of the stern.

Fullständigt överraskade befann vi oss plötsligt i det otrevliga sällskapet av pirater, som svingade sina svärd!
Caught by surprise, we were suddenly in the unwelcome company of sword wielding pirates!

En vän som gjorde Julius sällskap på resan kom svajande ur skrovet upp på akterdäck.
A friend, who was also accompanying Julius on this

trip, staggered to the deck from the hull below.

Han hette Caro och ägde en odling som inte låg långt från staden Rom.
His name was Caro and he owned a plantation not far from the city of Rome.

Vi tre stannade där, orörliga och tysta, medan bandet av sicilianska pirater steg på spannmålsskeppet.
The three of us stood frozen in silence as the band of Cilician pirates boarded the grain ship.

VI visste direkt att piraterna inte var intresserade av det värdefulla spannmål som befann sig i skeppets skrov.
We knew immediately that the pirates were not interested in the valuable grain in the hull of the ship.

Dessa pirater riktade sitt intresse mot Caesar personligen i stället för mot vetet, och den stora lösensumma, som de skulle få för hans frigivning.
Instead of wheat these pirates directed their interest to Caesar himself and the sizeable ransom they could get for his release.

Julius var en modig och tapper man, men han förstod att inkräktarna översteg honom i antal.
Julius was a brave and courageous man, but he understood he was outnumbered by the intruders.

De sicilianska piraterna hade varit till ständig förtret för Rom i åratal.
The Cilician pirates had been a thorn in the side of Rome for years now.

Trots detta var de ett problem som de romerska trupperna ofta ignorerade, eftersom de bringade den romerska adeln slavar och gratisarbete.
However, they were a problem the Roman armies often ignored because they brought the Roman nobility slaves and free labour.

Men nu, med det skarpa svärd som befann sig farligt nära Caesars strupe, verkade vanan att ignorera piraterna vara en otillräcklig metod.
But now, with a sharp sword held dangerously close to Caesar's throat, the habit of ignoring the pirates seemed a poor practice.

Den pirat som uppenbarligen var ledaren närmade sig Julius.
The pirate who was clearly the leader eventually approached Julius.

Han hade ett elakt leende på läpparna.
He had a wicked smile on his face.

Jag visste bara att han var ledaren eftersom han var den som talade mest, och eftersom hans mage var större än de andras.
I knew he was the leader only because he talked the most and carried a belly bigger than the rest.

Han var en man som uppenbarligen njöt mer av att ge befäl en ta emot dem.
He was a man who clearly enjoyed giving orders more than taking them.

"Min käre Caesar, äntligen möts vi. Det gör mig ledsen att det inte kunde ske under bättre omständigheter, men män som ägnar sig åt handel, som jag, måste handla när tillfälle ges."
"My dear Julius Caesar, we finally meet. I am sad it could not be under better circumstances but men of commerce, like myself, need to strike when the opportunity presents itself."

"Naturligtvis", svarade Caesar.
"Of course", Caesar responded.

"Men när jag betraktar din väldiga storlek förvånar det mig att du inte sänkte det här skeppet, och allt som finns på det, när du kom ombord idag."
"But I am surprised considering your great size that you didn't sink this ship and all on it when you boarded her today."

Piraternas ledare började skratta.
The leader of the pirates began to laugh.

"Caesar, jag visste att du skulle bli värdefull för mig, men jag hade aldrig kunnat föreställa mig att du var underhållande. Vi kommer inte bara att få den viktiga summan på tjugo talenter när vi lämnar tillbaka dig, vi kommer också kunna få ha roligt åt några skämt."
"Caesar, I knew you would be valuable to me but I never imagined you would be entertaining. Not only will we earn a hefty sum of twenty talents for your return but we will enjoy a joke or two as well."

"Tjugo talenter?", skrek Caesar rasande.
"Twenty talents", Caesar shouted angrily.

"Vem tror du egentligen du rövar bort?"

Who do you think you are kidnapping, anyway?"

"Jag är värd två gånger den summan."
"I am worth twice that much."

"Jag garanterar dig femtio talenter för min befrielse!"
I will guarantee you fifty talents for my release!"

Piraterna, som alltid var på jakt efter förmånliga affärer, antog Caesars erbjudande med detsamma och utan att säga emot.
The pirates who were always in search of a good deal accepted the offer from Caesar right away and without argument.

Sedan förmådde piraterna Caesar och mig att lämna spannmålsskeppet och stiga på piratskeppet.
The pirates then took Caesar and I off the grain ship and onto the pirate ship.

Caro lämnade de där.
Caro was left behind.

Det var hans uppgift att resa till närmaste stad och skaffa fram lösensumman där.
It was his job to travel on to the closest city and raise the ransom.

Under de följande trettioåtta dagarna stannade Julius och jag som fångar på piratskeppet.
For the next thirty eight days Julius and I were held captive on the pirate's ship.

Medan dagarna gick överraskade mig mer och mer den snabbhet med vilken Caesar blev vän med sina

kidnappare.
As the days passed I was surprised to see how quickly Caesar made friends with his kidnappers.

Han tillbringade hela sin tid med att berätta vitsar och få dem att skratta.
He would spend all of his time telling jokes and making them laugh.

Han läste dikter för dem och höll tal Om någon kritiserade hans presentationer svarade han med att kalla dem vildar och hotade med att hänga dem som straff.
He read them poetry and recited speeches. If anyone criticised his performances he would respond by calling them savages and threatened to hang them all as punishment.

Piraterna å sin sida ansåg att Caesars språk var underhållande och trodde att han snarare var enfaldig än intelligent.
The pirates, on the other hand, viewed Caesar's tongue with amusement thinking him more simple than wise.

Efter trettioåtta dagar kom Caro tillbaka, lösensumman betalades och vi fick vår frihet tillbaka.
After thirty eight days Caro returned, the ransom was paid and we were given our freedom.

Till min överraskning reste Caesar till Milet, i stället för att fortsätta sin resa till Rhodos, där han hittade skepp och män att förfölja piraterna med.
Much to my surprise, instead of continuing his trip to Rhodes, Caesar proceeded to Miletus where he hired

ships and men to give chase to the pirates.

Under tiden hade den tjocke piraten och hans besättning på piratskeppet redan glömt bort den unge Caesar.
Meanwhile, back on the pirate ship, the fat pirate and his crew had already forgotten about the young Caesar.

De var upptagna med att fira sin seger när en torr, högljudd och skrämmande stöt skakade deras skepp.
They were busy celebrating their victory when suddenly a loud and disturbing thud shook the ship.

Den tjocke piraten och hans säck med lösenpengarna flög genom luften, slog emot en väg och föll till golvet.
The fat pirate and his bag of ransom money went flying through the air, crashing into a wall and falling to the floor.

När han sprang upp på däck för att se efter var all denna kalabalik kom ifrån, såg hans skepp.
When he rushed up onto the deck to see what all the commotion was about he was horrified to see a big Roman warship had rammed the side of his vessel.

Vad vinden hade vänt!
The tables had suddenly turned!

Framför honom stod Caesar, som rasande svängde sitt svärd genom luften, med hundra romerska soldater bakom sig.
Standing before him was Caesar waving his sword angrily in the air with a hundred Roman soldiers

behind him.

En liten kamp uppstod, och alla pirater togs tillfånga.
A short battle took place and all the pirates were captured.

Caesar var en man som höll ord.
Caesar had been a man of his word.

Som han hade lovat lät han avrätta piraterna var och en.
As promised, each and every one of the pirates was put to death.

Han själv kom undan med bara en skråma på huvudet.
Caesar, on the other hand, escaped the battle with no more than a scratch.

Medan jag förband hans sår, tittade Caesar ner på sin gamla läkare.
While I was bandaging his small wound, Caesar looked down at his old doctor.

Han tog ett stadigt tag om säcken med mynt och sa: "Jag sa ju till dig, att jag är värd femtio talenter."
Holding tightly to a bag of coins he spoke, "I told you that I was worth fifty talents."

Caesar, tänkte jag för mig själv, hade skrattat sist!
Caesar, I thought to myself, had just had the last laugh!

Macresco
Macresco

Jag var knappt tolv år gammal, när man skickade mig för att arbeta som slav bland tältvaktarna i Julius Caesars militära insats i Gallien.
I was barely twelve years old when they sent me to work as a slave with the tent keepers on Julius Caesar's military campaign in Gaul.

Det namn romarna gav mig var Macresco, som betyder tunn på latin.
The name given to me by the Romans was Macresco, which is Latin for skinny.

När jag såg min herre för första gången, den store Caesar, sa han: "Du är så smal att du försvinner när du vänder sidan mot!"
When I first met my master, the great Caesar, he said "You're so skinny when you turn sideways you disappear!"

Åtskilliga personer tyckte att min småvuxna, smala kroppsbyggnad var komisk, men jag lyckades alltid uppfylla alla uppgifter.
My small thin frame was amusing to some, but I always managed to get the job done.

Julius Caesar var mycket vänlig mot mig och uppskattade det arbete jag gjorde.

Julius Caesar was very kind to me and valued the work I provided.

"Du är en hårt arbetande pojke, med tanke på din storlek", sa han.
"You are a hard working boy for your size", he would say.

"När du har mer kött på benen och ett par år till på nacken, kommer vi att ha en stor soldat i våra led."
"When we put some meat on your bones and you get a few more years under your belt we will have a fine soldier in our ranks."

Mitt arbete som tältvaktare inbegrep att bygga upp och ta ned Caesars tält, när han befann sig på slagfältet.
My job as a tent keeper involved putting up and taking down Caesar's tent when he was out on the battlefield.

Det var ett stort tält, nästan lika stort som ett typiskt romerskt hus.
It was a large tent, almost as big as the average Roman home.

Vi var tvungna att vara minst ett dussin män om att sätta de robusta pålarna i marken.
It took at least a dozen of us to set the sturdy poles into the ground.

Därefter lade vi stora delar av get- eller kalvläder ovanpå pålarna och fäste dem med tjocka träpluggar i marken.

We would then pull large sections of goat or calf hide over the tops of the poles and anchor them to the ground with thick wooden stakes.

Trots det hårda arbetet skrattade vi ofta och skämtade gärna.
Despite the hard work we often laughed and liked to crack jokes saying, "this work is so hard and intense ... in tents ... get it?"

På så sätt glömde vi det hårda arbetet.
Apparently it didn't take much to make us laugh.

Så snart tältet befann sig på plats, lastade vi förråden av vagnarna, som drogs av åsnor, och bar in dem i Caesars tält.
Once the tent was in place we would unload all the supplies from the donkey pulled carts and move them into Caesar's tent.

Caesar hade allt han behövde i sitt tält: Stolar och bord, och dessutom en stor säng med tjocka fårfällar för att hålla honom varm.
Caesar had everything he needed in his tent; chairs and tables as well as a large bed with thick sheepskins to keep him warm.

I närheten av Caesars jättelika tält satte vi upp ett mindre tält, i vilket alla slavar förberedde sina måltider och kunde se till sina dagliga behov.
Close by Caesar's huge tent we would set up a smaller tent where all the slaves could cook his meals and attend to his daily needs.

Våra befälhavares tält sattes alltid upp långt från stridsfältet, för att undvika hot om angrepp.
Our commander's tent was always erected far from the battle to avoid threat of attack.

Men inte ens på säkert avstånd kunde krigsljuden döljas.
But even a safe distance could not mask the sounds of war.

Medan jag lagade revor i tältet kunde jag lätt höra oväsendet från hästarnas hjälmar och den dödliga, metalliska klangen av svärd som slog emot varandra.
While repairing tears in the tent walls I could easily hear the thunder of horse's hooves and the deadly clanging of metal as sword met sword.

Kriget i Gallien skulle vara längre än folk hade förutsagt.
The war in Gaul would last longer than anyone expected.

Från början till slut skulle det pågå i nästan nio år.
From beginning to end it would span almost nine years.

Jag började tjäna Caesar när jag var nästan tolv år gammal, och fortsatte tills jag nästan var i vuxen ålder.
My service to Caesar began when I was twelve and continued into adulthood.

Men mina år som tältvaktare slutade när jag var bara sjutton år gammal.

But my years spent as a tent keeper ended when I was just seventeen.

På min sjuttonde födelsedag gav Julius Caesar mig friheten, tacksam för mina år av trogen tjänst.
On my seventeenth birthday I was granted my freedom by Julius Caesar with thanks for my years of loyal service.

Genast bad de mig tjäna Caesar som fri man, alltså blev jag soldat under hans personliga befäl.
Right away, I was asked to continue serving Caesar as a free man ,by becoming a soldier under his personal command.

Jag antog gärna anbudet om att tjäna i Caesars här.
I accepted the offer to serve in Caesar's army gladly.

Som tältvaktare hade han behandlat mig rättvist.
As a tent keeper he had treated me fairly.

Medan jag växte i min uppgift var samtalstonen bland soldaterna alltid positiv.
While growing up on the job the talk among soldiers was always favourable when they spoke of their leader.

Caesar delade sin rikedom med sina soldater och betalade dem utan dröjsmål.
Caesar shared his wealth with his soldiers and paid them promptly.

Soldaterna under Caesars befäl fick dessutom markstycken som lön, när de drog sig tillbaka från

tjänsten.
Soldiers under Caesar also were given parcels of land as rewards upon retirement.

"Varför skulle jag inte sluta mig till hans led?", frågade jag mig själv i tysthet.
"Why wouldn't I join the ranks?", I thought to myself.

"Jag vore dum om jag inte gjorde det."
"I would be foolish not to."

Under de följande åren kämpade jag vid Caesars sida.
In the years that followed I fought alongside Caesar.

Med varje vunnet slag ryckte vi längre in i Galliens inre och erövrade en klan efter den andra, medan vi rörde oss västerut.
With every battle won we advanced further into Gaul, conquering one tribe after another as we moved west.
Caesar earned his soldier's loyalty.

När han skickade sina trupper i strid var det Caesar själv som ledde angreppet.
When he commanded his troops in battle it was Caesar himself who led the charge.

Han var vild i slaget, både till häst och till fots behärskade Caesar sitt svärd med stor skicklighet.
He was fierce in battle; whether on his horse or on the ground, Caesar handled his sword with great skill.

Han var född för strid och hans män kämpade frivilligt vid hans sida.
He was born to fight and his men fought willingly by

his side.

Inte alla våra slag i Gallien var segerrika.
Our battles in Gaul were not all victories.

Det förekom några bakslag.
There were some setbacks.

Just som Caesar trodde att han erövrat Gallien bröt ett uppror ut i landets inre, anfört av Vercingetorix, den store V, som Caesar kallade honom, som visade sig vara en värdig motståndare.
Just when Caesar thought he had conquered Gaul a revolt erupted from within, led by Vercingetorix. The Big V, as Caesar would call him, proved to be a worthy opponent.

Denna nya och ihållande plåga för Caesar gjorde det möjligt för klanerna att snabbt församla sig för att besegra Caesars trupper i de följande slagen.
This new thorn in the side of Caesar quickly reunited the Gallic tribes and defeated Caesar's troops in the next few battles!

Men Caesar var inte beredd att lämna de områden han just hade erövrat utan ytterligare strid. I slaget om Alesia kunde Caesar och hans män omringa Vercingetorix och hans garnison på åttiotusen man.
But Caesar wasn't ready to give up his newly acquired territories without a fight. In the Battle of Alesia, Caesar and his men were able to encircle Vercingetorix and his garrison of 80,000 men.

Hans strategi var enkel, men effektiv.

His strategy was simple yet effective.

Han grävde en rad gravar med vakttorn runt hela staden.
He dug a series of trenches, complete with guard towers, around the whole town.

Eftersom han inte kunde komma åt livsmedel och förråd såg sig den store V tvungen att ge sig.
Unable to get food or supplies, the Big V was forced to surrender.

Detta slag blev slutet på det galliska fälttåget och gjorde Caesar till slutgiltig segrare.
This battle marked the end of the Gaul campaign and made Caesar the final victor.

När Caesar återvände till Rom, följde jag med honom.
When Caesar returned to Rome I followed.

De hade gett mig god lön för min trohet, och jag längtade efter att kunna dra mig tillbaka från mitt långa soldatliv.
I had been rewarded nicely for my loyalty and was looking forward to my retirement the hard military life.

Medan vi gick till fots tillbaka till Rom, rördes jag av den ödeläggelse och förstöring jag såg framför mig.
As we retraced our steps back to Rome, I was shocked to see the waste and destruction before me.

Jag hade deltagit frivilligt till allt detta, och jag började känna stor skam och blygsel.
I had been a willing participant in all of this and was beginning to feel tremendous shame and regret.

Medan vi fortsatte vägen hem, beordrade Caesar att trupperna skulle ta med gallerna från de erövrade provinserna som slavar, så att dessa kunde auktioneras ut i Rom.
As we continued our trek home Caesar directed the troops to take Gauls from the conquered provinces as slaves, to be put up for auction in Rome.

Inte bara män i gott fysiskt tillstånd; de tog också kvinnor och barn.
It wasn't just able bodied men; women and children were taken too.

När vi kom fram till Rom uppsteg antalet fångade slavar till flera tusen.
By the time we got to Rome the head count of slaves taken, numbered in the thousands.

Det var något jag inte kunde ignorera.
It was something I couldn't ignore.

Eftersom jag själv för varit slav, förfärades jag plötsligt av att se en sida hos Caesar som jag inte hade vetat om att den fanns.
Being a slave once myself, I was suddenly horrified to see a part of Caesar that I never knew existed.

Jag frågade mig, när jag trädde genom Roms portar, vilken framtid som väntade den store Caesar.
I wondered to myself, as I entered the gates of Rome, what kind of future lay ahead for the Great Caesar.

För övrigt tyckte jag mig se åtskilliga senatorer med rynkad panna medan vi tågade mot staden.
Indeed I thought I caught a glimpse of a few frowning

senators as we headed into the city.

Skulle Roms medborgare, som nu jublade så ohämmat, ändra åsikt om denne ledare?
Would the Roman citizens, cheering so wildly now, eventually change their minds about this popular leader?

Endast tiden kunde utvisa det...
Only time would tell ...

Servilia - den andra kvinnan
Servilia – The Other Woman

Det fanns två saker i Julius Caesars liv, som var mycket viktiga för honom.
There were two things in Julius Caesar's life that held great importance to him.

Det första var en god kamp, som slutade med honom som den ende och verklige segraren, och det andra var en god kvinnas kärlek.
The first was a good fight that ended with his truly being the only victor and the second was the love of a good woman.

Som varje god romare avnjöt Caesar en god del av båda delarna.
As every Roman knew well, Caesar had his share of both.

Hans militära erövringar var legendariska, och vid tillfället befann han sig i sitt tredje äktenskap.
His military conquests were legendary and he was currently working on his third marriage.

Även om Caesar aldrig gjorde mig till sin hustru, var jag en person som var närvarande i hans liv under två av dessa tre äktenskap.
While Caesar never made me a wife I was someone who had graced his life through two of these three

marriages.

Egentligen hade vår särskilda vänskap redan hållit i tjugofem år.
In fact, our special friendship had already spanned almost twenty five years.

Tack vare de goda saker jag erbjöd Caesar gav man mig ett stort hus i Rom med all lyx en person av min betydelse förtjänade och förväntade mig.
In appreciation for the good things I offered Caesar I was given a large house in Rome with all the trappings a person of my stature deserved and expected.

"Servilia, du är inte bara ännu ett vackert ansikte", viskade han i mitt öra.
"Servilia, you are not just another pretty face," he would whisper in my ear.

"Du förtjänar allt det här och mer därtill."
"You deserve all of this and much more."

Uppriktigt sagt var jag naturligtvis införstådd med allt Caesar sa.
I, of course, agreed wholeheartedly with everything Caesar said.

Det var ytterst sant.
It was definitely true.

Jag var mer än ett vackert ansikte, jag var intelligent.
I was more than just a pretty face; I was smart.

Caesar visste det, och jag visste det!

Caesar knew it and I knew it!

Varje gång jag befann mig i Caesars sällskap flörtade jag med honom som en skolflicka.
Whenever I was in the company of Caesar I would flirt with him like a schoolgirl.

Och Caesar svarade alltid som en förälskad skolpojke.
And Caesar would always respond like a young lovesick boy.

Faktiskt till den grad, att han, när han återvände från sitt militära fälttåg i Gallien, hade med sig en underbart vacker svart pärla som present till mig.
So much, in fact, that after returning from his military campaign in Gaul he brought me a beautiful black pearl as a gift.

Till och med i stridens hetta tänkte han på mig.
He thought of me even in the heat of battle.

Det kan hända att hans fru, Calpurnia, fick en högtidlig puss på kinden, men jag fick ädelstenar!
His wife, Calpurnia, might have received a ceremonious peck on the cheek but I got precious stones!

Caesar vistades utomlands under de första året av min vänskap med honom, och anförde sina trupper mot Roms fiender.
In the early years of my friendship with Caesar he was away most of the time leading his armies against the enemies of Rome.

Medan han befann sig utomlands stannade jag kvar hemma med uppgiften att ta hand om min ende son.
While he was gone I was left with the job of raising my only son.

Brutus far hade dödats flera år tidigare.
Brutus's father had been killed years ago.

När Caesar äntligen återvände till Rom hade Brutus vuxit upp till en stilig man.
By the time Caesar made his final return to Rome, Brutus had grown into a handsome man.

Han hade blivit politiker och strax därpå medlem i den romerska senaten.
He had become a statesman and soon after that, a member of the Roman senate.

Jag var lycklig över hans framgång och trodde att Caesar också skulle bli imponerad.
I was pleased with his success and I thought Caesar would be impressed with him as well.

Men jag hade inte kunnat ha mer fel.
As it turned out, I couldn't have been more wrong.

När Caesar triumferande återvände efter många års krig, vändes hans intresse till makten på Roms politiska skådeplats.
When Caesar returned triumphantly from years of war his taste for power continued in the political arenas of Rome.

Av respekt och rädsla utnämnde den romerska senaten honom till "diktator på livstid".
Out of respect and fear, the Roman Senate named Caesar "dictator in perpetuity".

Det betydde att Julius Caesar skulle förbli vid makten tills han dog.
This meant that Julius Caesar would remain in power for as long as he lived.

Idén att Caesar skulle ha så mycket makt under en så lång tid, störde mig aldrig särskilt mycket.
The idea of Caesar being in power that long never bothered me much.

Slutligen var han stjärnan bland vagnförarna och jag hans hängivna cheerleader.
After all he was the star charioteer and I was his adoring cheerleader.

Efter så många år var vi fortfarande det perfekta paret.
After so many years, we were still a match made in heaven.

Men nu talade medlemmar av senaten sinsemellan om att Caesars nya ställning skulle hota deras ställning, och även den egentliga senatens.
But now there was talk among members of the Senate that Caesar's new position would threaten their position as well as the Senate itself.

Jag kände till alla dessa samtal, eftersom min son Brutus var romersk senator, och min styvbror, Cato,

också var en vald medlem av senaten.
I knew of all this talk because my son Brutus was a Roman senator and my half-brother, Cato, was an elected Senate member as well.

Åtskilliga kvällar, när familjemedlemmarna samlades vid matsalsbordet, hörde jag bara häftiga och otrevliga kommentarer om min Caesar.
Some nights at the dining room table, when family members gathered, all I could hear would be loud and nasty remarks about my Caesar.

Jag höll mig tyst större delen av diskussionerna.
I remained silent during most of these discussions.

Min familj visste inget om mitt förhållande med Caesar, och jag skulle inte yppa min hemlighet nu heller.
My family was not aware of my relationship with Caesar and I wasn't about to let the cat out of the bag now.

En natt, när jag läste tyst i ett annat rum av mitt hus, hörde jag hur min son Brutus som det verkade underhöll ett stort antal män i herrummet.
One night, while I was quietly reading in another room of my house, I heard my son Brutus in the great room entertaining what sounded like a large number of other men.

Jag kände igen Catos röst och åtskilliga andra, men många kände jag inte igen.
I recognised Cato's voice and a few of the others, but many were strangers to me.

Då hörde jag Brutus skrika: "Och vad skulle hända om han avskaffar senaten och alla som finns i den?"
At one point, I heard Brutus shouting: "And what if he abolishes the Senate and everyone in it?"

"Vad blir det av oss, och vad skulle detta betyda för Roms fria medborgare?"
"What will become of us and what will this mean to the free people of Rome?"

Andras kommentarer följde på Brutus, och jag lyssnade andlöst medan gruppen av män förvandlades till en skrikande, blodtörstig massa.
Brutus' remarks were followed by others and I listened breathlessly as the crowd of men turned into a loud, blood thirsty mob.

De befann sig i en mörk sinnesstämning och jag blev plötsligt rädd, inte bara för Caesars skull utan även för min egen.
Their mood was dark and I was suddenly afraid, not just for Caesar but for myself as well.

Vad skulle jag göra?
What should I do?

Frågan plågade mig vidare under de månader som följde.
The question continued to plague me over the next few months.

Skulle jag förråda min familj och tala med Caesar om allt jag hade hört, eller hålla mun och vara stilla?

Should I betray my family and speak to Caesar about what I was hearing or keep my mouth shut and remain silent?

Det var ett svårt beslut, och Caesars uppförande hjälpte mig inte på traven.
It was a tough decision and one that Caesar wasn't making any easier.

Han hade bara blivit outhärdligare.
He had become increasingly annoying.

Jag hade skickat honom flera inbjudningar den senaste tiden, och han hade avvisat dem alla.
I had sent a few invites his way recently and he had turned them all down.

Det var först efter att jag hörde några av mina slavar skvallra i köket i morse, som jag äntligen förstod.
It was only after hearing some of my slaves chattering in the kitchen this morning that I finally understood.

Caesar ignorerade mig för att hans uppmärksamhet vänts åt ett annat håll.
Caesar was ignoring me because his attentions were going elsewhere.

Det verkade som om Caesar vänslades med den där förskräckliga skatan Kleopatra.
It appeared Caesar was cozying up to that awful sand flea, Cleopatra.

Enligt ryktena skulle han till och med ta henne med sig till Rom för att bosätta henne i en egen våning.

Rumour had it he was even bringing her to Rome and setting her up with her own apartment.

Hur hade jag kunnat vara så blind!
How could I have been so blind!

Det såg inte alls ljust ut.
Things didn't look good at all.

Caesars sista dagar
The Last Days of Caesar

Som Caesars favorittjänarinna tillbringade jag de flesta nätterna vaken, för att ta hand om min herre och höra hans kallelser.
As Caesar's favourite servant I spent most nights awake answering his calls.

Detta var en dag som andra.
This day was no different.

Från mina rum kunde jag höra klockan som kallade mig till hans sovrum.
From my chambers I could hear the bell beckoning me to his bedroom.

När jag trädde in i hans rum kunde jag se hans gemål Calpurnia, som drog en värmande mantel över sina sovkläder.
When I entered the room I could see his wife Calpurnia pulling a warm cape over her nightclothes.

"Han säger att han har ont i huvudet", utstötte hon argt.
"He says he has a headache," she barked angrily.

"Jag ska hitta en annan säng att sova i."
"I will find another bed to sleep in."

Hon drog förbi mig som en virvelvind när hon lämnade rummet.
She stormed past me like a whirlwind when she left the room.

Jag stod bredvid den öppna dörren och väntade på hans befallning.
I stood next to the open door and waited for his command.

"Åh, min kära Caesaris, hämta något mot åskan i mitt huvud", stönade Caesar.
"Oh, my dear Caesaris bring me something for the thunder in my head," moaned Caesar.

"Jag behöver något snabbt innan jag tappar kontrollen."
"I need something quickly before I lose all control."

Jag sprang genast till köket, där jag gjorde hett te på särskilda örter.
I immediately scurried down to the kitchen where I made a warm tea from special herbs.

Det hade varit en svår månad för min herre.
It had been a trying month for my master.

Om det inte var det ena så var det det andra.
If it wasn't one thing, it was another.

Han hade just återvänt från en kort helg borta, där han hade undertryckt ytterligare ett uppror i en grannprovins.
He had just returned home from a short weekend away, squashing yet another rebellion in a

neighbouring province.

Han såg trött ut.
He looked tired.

Som om kampen mot rebellerna inte var nog, sörjde ett eller två slag i bakgrunden för att vintern år 44 f. Kr. var kyligare än vanligt.
As if fighting the rebels wasn't already enough, there was a battle or two on the home-front that was making the winter of 44 BC colder than usual.

Mellan Caesar och Calpurnia gick det utför.
Things between Caesar and his Calpurnia were going downhill.

Det gick rykten om en annan väninna, och det tyckte Calpurnia uppenbarligen inte alls var roligt.
There was talk about another girlfriend and Calpurnia was clearly not amused.

Arbetsklimatet var också hettat.
The climate at work was heated as well.

Många medlemmar av den romerska senaten var uppenbarligen missnöjda med Caesars ledarposition.
Many of Rome's Senate members were clearly unhappy with Caesar's leadership.

De hade gett honom oinskränkt makt att regera, men plötsligt verkade senatorerna tvivla på sitt eget beslut.
They had given him the sole power to rule but suddenly the Senators were questioning their own decision.

De var oroliga att Caesar skulle avskaffa senaten och lämna dem utan arbete.
They were now worried that Caesar might abolish the Senate, leaving them without jobs.

Jag hade arbetat i Caesars hus så länge jag kunde minnas.
I had worked in the house of Caesar for as long as I could remember.

Eftersom jag var tjänarinna i Caesars hus, hade man gett mig namnet Caesaris, som det var brukligt.
Because I was a servant in the house of Caesar, I had been given the name Caesaris, as was the custom.

En av de äldsta tjänarinnorna, som gjorde rent i badhuset, sa att man hade tagit med mig vid återtåget till Rom efter fälttåget i Gallien.
One of the older servants who cleaned the bathhouse said I had been brought back to Rome after the Gaul campaign.

Jag hade ingen aning om vilka mina föräldrar var eller om de fortfarande levde.
I had no idea who my parents were or whether they were even still alive.

En av Caesars soldater hade hittat mig övergiven och gömd i skogen.
I had been found by one of Caesar's soldiers, abandoned and hiding in the forest.

Jag hade klarat mig från en snabb död tack vare Caesar.
By the grace of Caesar I had been saved from a quick death.

De flesta behandlade mig som en tjänarinna, men jag visste att Caesar i sitt stora hjärta hade hittat en särskild plats för mig.
I was still treated by most as a servant but I knew that Caesar found a special place in his big heart for me.

Jag behöll mina känslor för mig själv när jag befann mig i husets andra tjänarinnors sällskap, men när jag var ensam med Caesar kände jag bara kärlek och tacksamhet.
I kept my feelings to myself when I was in the company of the other house servants, but when I was alone with Caesar; I felt only love and gratitude.

Jag hade aldrig lärt känna min far, men jag hade lärt känna Caesar. Han var som en far för mig.
This was the closest I would ever come to having a father in my life.

Caesar satt på soffan, när jag kom tillbaka med teet.
Caesar was sitting on the sofa when I returned with his tea.

Han drack det långsamt och sa: "Min Caesaris, du har vuxit upp till en förtrollande ung kvinna:"
He drank it slowly and then spoke. "My Caesaris, you have grown into a lovely young woman.

"Jag önskar dig allt gott för resten av dina dagar. Jag

kommer inte att tillåta att man lämnar dig på nytt."
I wish only the best for you in the days ahead. I will not see you abandoned again."

Caesars ord vägde tungt i mitt inre, medan jag tigande lämnade rummet.
Caesar's words weighed heavily on me as I quietly exited the room.

Min Caesar lät nästan som om han förberedde sig på det värsta.
My Caesar almost sounded like he was preparing himself for the worst of times.

Jag visste att Caesar inte haft det så lätt på sista tiden, men hans fiender måste otvivelaktigt inse att de uppförde fel...det hoppades jag åtminstone.
I knew Caesar was having a bad time of late, but surely his enemies would see the error of their ways ... or so I hoped.

För till slut hade Caesar varit bra för romarna.
After all, Caesar had been good for Romans.

Med tusentals landsmän som stöttat honom hade han vunnit nya områden, rätt långt från Roms existerande gränser.
With thousands of his countrymen behind him, he had won new territories well beyond the existing borders of Rome.

Dessa erövringar förde stora rikedomar med sig.
With these conquests came great riches.

Det var skriftligen bevisat att Caesar erövrat minst åttahundra städer!
It was a matter of written record that Caesar had conquered at least eight hundred cities!

Han var en stor befälhavare och en ännu bättre politiker.
He was a great military commander and an even better statesman.

Han skapade en poliskår för att beskydda sitt folk, avskaffade mindre meningsfulla skatter och stadgade en lag som förbjöd utpressning.
He created a police force to protect his people, abolished unreasonable taxes and made a law forbidding extortion.

Han gjorde till och med Roms första dagstidning, Acta Diurna, som upptecknade regeringschefernas aktiviteter i folkförsamlingen och senaten.
He even produced Rome's first newspaper, the Acta Diurna, which chronicled the activities of government leaders in the Assembly and the Senate.

Dessutom skapade han den julianska kalendern, som framgångsrikt ersatte den romerska kalendern.
In addition, he created the Julian calendar which successfully replaced the Roman calendar.

Inte så dåligt, tänkte jag.
Not too shabby at all, I thought.

Några veckor senare förändrades allt.
Several weeks later everything changed.

Den katastrofala morgonen, då jag hörde Calpurnia gråta i sitt rum, bönföll hon Caesar att inte gå till arbetet.
That fateful morning I heard Calpurnia crying inside her bedroom chamber. She was begging Caesar not to go to work.

Calpurnia förklarade att en dröm hade varnat henne för att en tragisk händelse snart skulle inträffa.
Calpurnia was claiming a dream had warned her that a tragic event was about to occur.

Caesar tog varningen inte på allvar och gick till senaten. Han trodde att det skulle bli en normal arbetsdag.
Caesar laughed the warning off and proceeded to the Senate for what he thought would be a normal day of business.

På eftermiddagen var Caesars hus alldeles tyst.
By mid-afternoon, the house of Caesar was dead quiet.

En budbärare hade kommit några timmar tidigare för att informera Calpurnia om Caesars död.
A messenger had arrived a few hours earlier to inform Calpurnia of the assassination of Caesar.

Caesar hade kommit till senaten den morgonen och stött på en skara ilskna senatorer, som väntade på honom och hade i sinnet att de skulle döda honom.
Caesar had arrived at the Senate that morning to find a mob of angry senators waiting with murder on their minds.

Enligt de rapporter, som dag och natt inträffade hos oss, var det nästan sextio angripare i gruppen.
According to reports that trickled in later that day, there were almost sixty attackers in the group.

Tjugotre gånger hade man stuckit kniven i honom!
Caesar had been stabbed twenty three times!

När jag hörde nyheten bröt jag snyftande ihop på mitt rum.
When I heard the news I collapsed in my room, sobbing.

Caesar var död.
Caesar was gone.

Calpurnia behandlade mig ganska väl, men det hade alltid funnits en distans mellan oss.
Calpurnia treated me nicely enough but there was always a distance between us.

Caesar hade varit annorlunda.
Caesar was different.

Han hade bara behandlat mig med godhet.
He had treated me only with kindness.

En månad efter mordet hörde jag ytterligare nyheter, den här gången om Caesars sista vilja och testamente, som gjorde mig förvånad och fyllde mig med glädje.
Within a month of the assassination I heard more news, this time from Caesar's last will and testament,

that left me shocked and overjoyed.

Caesar hade angett i sitt testamente, att man efter hans död skulle ge mig friheten.
Caesar had left instructions in his will that I be freed upon his death.

Enligt romersk sed var man tvungen att utrusta en befriad slav med ett hus och en inkomst, och denna sed fördes vidare hos mig.
As was the Roman custom, he was obliged to provide a freed slave with a house and a means of support and this promise to me was kept.

Nu, många år senare, tänker jag fortfarande på Caesar minst en gång om dagen.
Now, many years later, I still think of Caesar at least once every day.

Jag vet att Caesar hade en egen dotter vid namn Julia.
I know Caesar had a real daughter of his own named Julia.

Även om jag aldrig kunnat påstå att jag var hans rättmätiga dotter, tackar jag dagligen gudarna att de gett mig till en man som var som en far för mig, min välgörare och försvarare, den store Julius Caesar.
While I could never claim to be his legal offspring, I thank the Gods daily for providing me with a man who was like a father; my benefactor and champion, the great Julius Caesar.

SWEDISH

Den unge Julius Caesar

Mitt leende ansikte hade den sällsamma gåvan att öppna dörrar för mig. Alla mina vänners mammor ansåg att jag var den sötaste pojken i hela området, och min goda uppfostran kom mig också väl till pass. När jag knackade på trädörren till min kamrat Julius Caesars hus, följde hans mor Aurelia Cota mig ända in i husets inre. "Välkommen, Flavio", utropade hon med ett leende. "Julius har verkligen tur som har en vän som dig." Jag accepterade artigt hennes vänliga ord genom att böja huvudet (och naturligtvis med ett brett leende), och sedan gick jag mot gården, där jag visste att Julius lekte.

Julius hus var ganska stort jämfört med andra romerska hus. Det var inte det största huset i Rom, helt säkert inte, men det var i alla fall imponerande. Julius far var Gaius Julius Caesar. Han var en bekant magistrat och före detta guvernör över Asien. Dessutom kom Aurelia Cota från en av Roms bästa familjer, alltså var Caesars familj inte fattig. Familjens hus befann sig på en stor kulle och betraktade staden från höjden.

När jag hittade honom roade sig Julius med ett benspel. Detta spel spelas med små ben från klövarna på får eller getter. Spelet går ut på att kasta en handfull ben i luften och uppnå att så många av dem som möjligt faller på handryggen. Ju fler ben som används, desto svårare är det. Som du kan föreställa dig var det inte ett lätt spel att spela, men

Julio verkade njuta av utmaningen.

"Åh, Flavio", ropade Julio. "Jag är så glad att se dig." "Jag höll på att bli galen, för att jag inte hade någon att leka med." "Nåja, ingen utom min syster Julia, men jag stod inte ut med tanken på att leka med dockor." "Nu kan vi leka en krigslek." "Du, Flavio, kan vara Roms fiende, och jag är den store Caesar: Den bäste romerske soldat man någonsin har sett!"

Jag var just på väg att klaga på att alltid vara fienden när Julius kastade till mig ett svärd från sin leksakslåda. Svärdets fäste landade inte långt från mina fötter. En sekund senare hade Julius redan hämtat sitt eget svärd ur lådan och kastade sig över mig som en ilsken tjur.

Jag var en stor pojke för mina tio år och Julius var mycket mindre, men jag visste att den store Caesar skulle låta mig ligga på golvet och tigga om nåd om jag inte handlade snabbt. Jag böjde mig för att snabbt plocka upp mitt svärd och parerade Ceasars första slag med min svärdsklinga. Vår första strid varade minst fem minuter, och svärden slog gång på gång emot varandra, tills jag slutligen drog mig tillbaka. Till slut vann den store Caesar kampen, som väntat.

"Finns det något att äta?", frågade jag och gned mig hungrigt på magen. "Jag tror att den store Caesar kan hitta en eller två småbitar åt den besegrade", sa Caesar och skrattade. "Vad tror du om en skål fikon och honung?" Jag följde Caesar från gården till den bakre delen av huset, där **culinan** eller köket befann sig. Det var bara slavar som lagade mat i Caesars kök, men idag var det lilla rummet tomt. "De är antagligen i trädgården för att plocka örter till dagens kvällsmat", sa Julius. "Det verkar som om vi måste betjäna oss själva:"

Medan vi båda var upptagna med att leta efter den söta honungsburken lyssnade vi till när vi hörde ett bekant skratt. Bakom oss var just Julius syster Julia och hennes lekkamrat Cornelia på väg att inträda i rummet. "O, Jupiter, det är ju bara min fula syster", klagade Caesar. "Hur vågar du tala så till mig?", svarade Julia. Innan Julius kunde säga något mer, flög en stor träsked genom luften och träffade honom precis på baken. "Mitt i prick"", utropande Julia.

Caesar började i sin tur förfölja flickorna i köket och uppmuntrade mig att ansluta mig till kampen. Medan jag som en god soldat följde Julius märkte jag att han använde hela sin energi till att fånga Cornelia och inte Julia. När han slutligen nådde fram till henne och höll fast i hennes arm hade den unga Cornelia något emot det.

"Det är inte mig du vill ha, Julius". "Det stämmer inte", sa Caesar, och sen började vi alla skratta dumt. Dessutom blev Cornelia alldeles röd. Därefter sprang båda flickorna snabbt in i huset och lämnade oss två ensamma med vår honung. "Ännu en vunnen kamp", sa jag till Caesar medan vi åt. "Nästan vunnen", svarade han. "Men en dag kommer jag att gifta mig med den flickan." Det trodde jag utan tvivel på. Min vän Julius var inte vilken vanlig pojke som helst. Han hade något som var annorlunda. Med tiden skulle man veta det.

När Julius var bara femton år dog hans far, och en tid

senare förändrade sig hans värld. Vi hade dessförinnan stått varandra väldigt nära, men efter hans fars död distanserade vi oss från varandra. Jag var upptagen med att arbeta på min familjs odling och hjälpte till genom att se efter vinstockarna, och Julius påbörjade en ny karriär i hären.

Hans hjältedåd som soldat och senare som befälhavare var föremål för samtal i byn. Trots sina unga år blev Julius snabbt en storartad soldat, och ännu viktigare, en stor ledare.

Det gick rykten om att han skulle gifta sig, men av anledningar som de flesta inte kände till firades detta bröllop aldrig. Ändå var anledningen ganska uppenbar för mig. Det handlade helt enkelt inte om hans livs kärlek.

Flera år senare, när han var arton år, gifte sig äntligen Julius Caesar. Bruden var samma flicka som han hade förföljt i sina föräldrars kök så många år tidigare: Cornelia!

Bortförd

Den unge Caesar stod vid relingen på ett romerskt skepp, som transporterade spannmål, och betraktade havet framför sig. Pojken, som jag hade sett efter sen flera år, hade snabbt blivit vuxen och förvandlats till en man som besatt alla sin fars dygder.

Eftersom jag hade varit hans personlige läkare visste jag mycket väl att Julius vuxit upp och blivit en man som kunde se efter sig själv. Men hans mor, en överdrivet ängslig kvinna, ansåg att Caesar inte ens kunde knyta sina sandaler utan att en legion av hjälpredor befann sig vid hans sida! Jag var anställd som barnflicka.

Morgonens tjocka dimma började just lösa upp sig. Jag gjorde Julius sällskap på däck och vi betraktade båda tigande hur solen banade sig en väg genom molnen. Han var på väg till ön Rhodos för att studera filosofi, och hans mor hade skickat mig för att göra honom sällskap på resan. Denna resa till Rhodos skulle bli en kort men välkommen paus från de dagliga fordringarna i det oroliga Rom.

Julius hade just gjort det bekvämt för sig på en liten proviantunna, och börjat läsa en bok som han tagit fram ur sin mantels inre, när allt började.

Jag ville just låta honom studera i fred när en torr, högljudd och skrämmande stöt skakade skeppet. Utan Julius kraft och snabbhet hade den här gamle läkaren kunnat ramla över relingen direkt ner i havet. Jag stammade ett snabbt tack, medan jag återfick balansen på båda fötterna.

Sedan vände vi oss båda om för att se efter vad som förorsakat ett sådant oväsen, och vi såg ett mindre skepp, med utländsk flagga, som klamrade sig fast på ostsidan av aktern. Fullständigt överraskade befann vi oss plötsligt i det otrevliga sällskapet av pirater, som svingade sina svärd!

En vän som gjorde Julius sällskap på resan kom svajande ur skrovet upp på akterdäck. Han hette Caro och ägde en odling som inte låg långt från staden Rom. Vi tre stannade där, orörliga och tysta, medan bandet av sicilianska pirater steg på spannmålsskeppet.

VI visste direkt att piraterna inte var intresserade av det värdefulla spannmål som befann sig i skeppets skrov. Dessa pirater riktade sitt intresse mot Caesar personligen i stället för mot vetet, och den stora lösensumma, som de skulle få för hans frigivning.

Julius var en modig och tapper man, men han förstod att inkräktarna översteg honom i antal. De sicilianska piraterna hade varit till ständig förtret för Rom i åratal. Trots detta var de ett problem som de romerska trupperna ofta ignorerade, eftersom de bringade den romerska adeln slavar och gratisarbete. Men nu, med det skarpa svärd som befann sig farligt nära Caesars strupe, verkade vanan att ignorera piraterna vara en otillräcklig metod.

Den pirat som uppenbarligen var ledaren närmade sig Julius. Han hade ett elakt leende på läpparna. Jag visste bara att han var ledaren eftersom han var den som talade mest, och eftersom hans mage var större än de andras. Han var en man som uppenbarligen njöt mer av att ge befäl en ta emot dem.

"Min käre Caesar, äntligen möts vi." "Det gör mig ledsen att det inte kunde ske under bättre omständigheter, men män som ägnar sig åt handel, som jag, måste handla när tillfälle ges." "Naturligtvis", svarade Caesar. "Men när jag betraktar din väldiga storlek förvånar det mig att du inte sänkte det här skeppet, och allt som finns på det, när du kom ombord idag." Piraternas ledare började skratta. "Caesar, jag visste att du skulle bli värdefull för mig, men jag hade aldrig kunnat föreställa mig att du var underhållande." "Vi kommer inte bara att få den viktiga summan på tjugo talenter när vi lämnar tillbaka dig, vi kommer också kunna få ha roligt åt några skämt." "Tjugo talenter?", skrek Caesar rasande. "Vem tror du egentligen du rövar bort?" "Jag är värd två gånger den summan." "Jag garanterar dig femtio talenter för min befrielse!"

Piraterna, som alltid var på jakt efter förmånliga affärer, antog Caesars erbjudande med detsamma och utan att säga emot. Sedan förmådde piraterna Caesar och mig att lämna spannmålsskeppet och stiga på piratskeppet. Caro lämnade de där. Det var hans uppgift att resa till närmaste stad och skaffa fram lösensumman där.

Under de följande trettioåtta dagarna stannade Julius och jag som fångar på piratskeppet. Medan dagarna gick överraskade mig mer och mer den snabbhet med vilken Caesar blev vän med sina kidnappare Han tillbringade hela sin tid med att berätta vitsar och få dem att skratta. Han läste dikter för dem och höll tal Om någon kritiserade hans presentationer svarade han med att kalla dem vildar och hotade med att hänga dem som straff. Piraterna å sin sida ansåg att Caesars språk var underhållande och trodde att han snarare var enfaldig än intelligent.

Efter trettioåtta dagar kom Caro tillbaka, lösensumman betalades och vi fick vår frihet tillbaka. Till min överraskning reste Caesar till Milet, i stället för att fortsätta sin resa till Rhodos, där han hittade skepp och män att förfölja piraterna med.

Under tiden hade den tjocke piraten och hans besättning på piratskeppet redan glömt bort den unge Caesar. De var upptagna med att fira sin seger när en torr, högljudd och skrämmande stöt skakade deras skepp. Den tjocke piraten och hans säck med lösenpengarna flög genom luften, slog emot en väg och föll till golvet.

När han sprang upp på däck för att se efter var all denna kalabalik kom ifrån, såg hans skepp. Vad vinden hade vänt! Framför honom stod Caesar, som rasande svängde sitt svärd genom luften, med hundra romerska soldater bakom sig. En liten kamp uppstod, och alla pirater togs tillfånga.

Caesar var en man som höll ord. Som han hade lovat lät han avrätta piraterna var och en. Han själv kom undan med bara en skråma på huvudet. Medan jag förband hans sår, tittade Caesar ner på sin gamla läkare. Han tog ett stadigt tag om säcken med mynt och sa: "Jag sa ju till dig, att jag är värd femtio talenter." Caesar, tänkte jag för mig själv, hade skrattat sist!

Macresco

Jag var knappt tolv år gammal, när man skickade mig för att arbeta som slav bland tältvaktarna i Julius Caesars militära insats i Gallien. Det namn romarna gav mig var Macresco, som betyder tunn på latin. När jag såg min herre för första gången, den store Caesar, sa han: "Du är så smal att du försvinner när du vänder sidan mot!" Åtskilliga personer tyckte att min småvuxna, smala kroppsbyggnad var komisk, men jag lyckades alltid uppfylla alla uppgifter.

Julius Caesar var mycket vänlig mot mig och uppskattade det arbete jag gjorde. "Du är en hårt arbetande pojke, med tanke på din storlek", sa han. "När du har mer kött på benen och ett par år till på nacken, kommer vi att ha en stor soldat i våra led."

Mitt arbete som tältvaktare inbegrep att bygga upp och ta ned Caesars tält, när han befann sig på slagfältet. Det var ett stort tält, nästan lika stort som ett typiskt romerskt hus. Vi var tvungna att vara minst ett dussin män om att sätta de robusta pålarna i marken.

Därefter lade vi stora delar av get- eller kalvläder ovanpå pålarna och fäste dem med tjocka träpluggar i marken. Trots det hårda arbetet skrattade vi ofta och skämtade gärna. På så sätt glömde vi det hårda arbetet.

Så snart tältet befann sig på plats, lastade vi förråden

av vagnarna, som drogs av åsnor, och bar in dem i Caesars tält. Caesar hade allt han behövde i sitt tält: Stolar och bord, och dessutom en stor säng med tjocka fårfällar för att hålla honom varm. I närheten av Caesars jättelika tält satte vi upp ett mindre tält, i vilket alla slavar förberedde sina måltider och kunde se till sina dagliga behov.

Våra befälhavares tält sattes alltid upp långt från stridsfältet, för att undvika hot om angrepp. Men inte ens på säkert avstånd kunde krigsljuden döljas.

Medan jag lagade revor i tältet kunde jag lätt höra oväsendet från hästarnas hjälmar och den dödliga, metalliska klangen av svärd som slog emot varandra.

Kriget i Gallien skulle vara längre än folk hade förutsagt. Från början till slut skulle det pågå i nästan nio år. Jag började tjäna Caesar när jag var nästan tolv år gammal, och fortsatte tills jag nästan var i vuxen ålder. Men mina år som tältvaktare slutade när jag var bara sjutton år gammal.

På min sjuttonde födelsedag gav Julius Caesar mig friheten, tacksam för mina år av trogen tjänst. Genast bad de mig tjäna Caesar som fri man, alltså blev jag soldat under hans personliga befäl.

Jag antog gärna anbudet om att tjäna i Caesars här. Som tältvaktare hade han behandlat mig rättvist. Medan jag växte i min uppgift var samtalstonen bland soldaterna alltid positiv. Caesar delade sin rikedom med sina soldater och betalade dem utan dröjsmål. Soldaterna under Caesars befäl fick dessutom markstycken som lön, när de drog sig tillbaka från tjänsten."Varför skulle jag inte sluta mig till hans led?", frågade jag mig själv i tysthet. "Jag vore dum om jag inte gjorde det."

Under de följande åren kämpade jag vid Caesars sida. Med varje vunnet slag ryckte vi längre in i Galliens inre och erövrade en klan efter den andra, medan vi rörde oss västerut. När han skickade sina trupper i strid var det Caesar själv som ledde angreppet. Han var vild i slaget, både till häst och till fots behärskade Caesar sitt svärd med stor skicklighet. Han var född för strid och hans män kämpade frivilligt vid hans sida.

Inte alla våra slag i Gallien var segerrika. Det förekom några bakslag. Just som Caesar trodde att han erövrat Gallien bröt ett uppror ut i landets inre, anfört av Vercingetorix, den store V, som Caesar kallade honom, som visade sig vara en värdig motståndare. Denna nya och ihållande plåga för Caesar gjorde det möjligt för klanerna att snabbt församla sig för att besegra Caesars trupper i de följande slagen.

Men Caesar var inte beredd att lämna de områden han just hade erövrat utan ytterligare strid. I slaget om Alesia kunde Caesar och hans män omringa Vercingetorix och hans garnison på åttiotusen man. Hans strategi var enkel, men effektiv. Han grävde en rad gravar med vakttorn runt hela staden. Eftersom han inte kunde komma åt livsmedel och förråd såg sig den store V tvungen att ge sig. Detta slag blev slutet på det galliska fälttåget och gjorde Caesar till slutgiltig segrare.

När Caesar återvände till Rom, följde jag med honom. De hade gett mig god lön för min trohet, och jag längtade efter att kunna dra mig tillbaka från mitt långa soldatliv. Medan vi gick till fots tillbaka till Rom, rördes jag av den ödeläggelse och förstöring jag såg framför mig. Jag hade deltagit frivilligt till allt detta, och jag började känna stor skam och blygsel.

Medan vi fortsatte vägen hem, beordrade Caesar att trupperna skulle ta med gallerna från de erövrade provinserna som slavar, så att dessa kunde auktioneras ut i Rom. Inte bara män i gott fysiskt tillstånd; de tog också kvinnor och barn. När vi kom fram till Rom uppsteg antalet fångade slavar till flera tusen.

Det var något jag inte kunde ignorera. Eftersom jag själv för varit slav, förfärades jag plötsligt av att se en sida hos Caesar som jag inte hade vetat om att den fanns. Jag frågade mig, när jag trädde genom Roms portar, vilken framtid som väntade den store Caesar. För övrigt tyckte jag mig se åtskilliga senatorer med rynkad panna medan vi tågade mot staden. Skulle Roms medborgare, som nu jublade så ohämmat, ändra åsikt om denne ledare? Endast tiden kunde utvisa det...

Servilia - den andra kvinnan

Det fanns två saker i Julius Caesars liv, som var mycket viktiga för honom. Det första var en god kamp, som slutade med honom som den ende och verklige segraren, och det andra var en god kvinnas kärlek.

Som varje god romare avnjöt Caesar en god del av båda delarna. Hans militära erövringar var legendariska, och vid tillfället befann han sig i sitt tredje äktenskap. Även om Caesar aldrig gjorde mig till sin hustru, var jag en person som var närvarande i hans liv under två av dessa tre äktenskap. Egentligen hade vår särskilda vänskap redan hållit i tjugofem år.

Tack vare de goda saker jag erbjöd Caesar gav man mig ett stort hus i Rom med all lyx en person av min betydelse förtjänade och förväntade mig. "Servilia, du är inte bara ännu ett vackert ansikte", viskade han i mitt öra. "Du förtjänar allt det här och mer därtill." Uppriktigt sagt var jag naturligtvis införstådd med allt Caesar sa. Det var ytterst sant. Jag var mer än ett vackert ansikte, jag var intelligent. Caesar visste det, och jag visste det!

Varje gång jag befann mig i Caesars sällskap flörtade jag med honom som en skolflicka. Och Caesar svarade alltid som en förälskad skolpojke. Faktiskt till den grad, att han, när han återvände från sitt militära fälttåg i Gallien, hade med sig en underbart vacker svart pärla som present till mig. Till och med i stridens hetta tänkte han på mig. Det kan hända att hans fru, Calpurnia, fick en högtidlig puss på kinden, men jag fick ädelstenar!

Caesar vistades utomlands under de första året av min vänskap med honom, och anförde sina trupper mot Roms fiender. Medan han befann sig utomlands stannade jag kvar hemma med uppgiften att ta hand om min ende son. Brutus far hade dödats flera år tidigare.

När Caesar äntligen återvände till Rom hade Brutus vuxit upp till en stilig man. Han hade blivit politiker och strax därpå medlem i den romerska senaten. Jag var lycklig över hans framgång och trodde att Caesar också skulle bli imponerad. Men jag hade inte kunnat ha mer fel.

När Caesar triumferande återvände efter många års krig, vändes hans intresse till makten på Roms politiska skådeplats. Av respekt och rädsla utnämnde den romerska senaten honom till "diktator på livstid".

Det betydde att Julius Caesar skulle förbli vid makten tills han dog. Idén att Caesar skulle ha så mycket makt under en så lång tid, störde mig aldrig särskilt mycket. Slutligen var han stjärnan bland vagnförarna och jag hans hängivna cheerleader. Efter så många år var vi fortfarande det perfekta paret.

Men nu talade medlemmar av senaten sinsemellan om att Caesars nya ställning skulle hota deras ställning, och även den egentliga senatens. Jag kände till alla dessa samtal, eftersom min son Brutus var romersk senator, och min styvbror, Cato, också var en vald medlem av senaten.

Åtskilliga kvällar, när familjemedlemmarna samlades vid matsalsbordet, hörde jag bara häftiga och otrevliga kommentarer om min Caesar. Jag höll mig tyst större delen av diskussionerna. Min familj visste inget om mitt förhållande med Caesar, och jag skulle inte yppa min hemlighet nu heller.

En natt, när jag läste tyst i ett annat rum av mitt hus, hörde jag hur min son Brutus som det verkade underhöll ett stort antal män i herrummet. Jag kände igen Catos röst och åtskilliga andra, men många kände jag inte igen. Då hörde jag Brutus skrika: "Och vad skulle hända om han avskaffar senaten och alla som finns i den?" "Vad blir det av oss, och vad skulle detta betyda för Roms fria medborgare?"

Andras kommentarer följde på Brutus, och jag lyssnade andlöst medan gruppen av män förvandlades till en skrikande, blodtörstig massa. De befann sig i en mörk sinnesstämning och jag blev plötsligt rädd, inte bara för Caesars skull utan även för min egen.

Vad skulle jag göra? Frågan plågade mig vidare under de månader som följde. Skulle jag förråda min familj och tala med Caesar om allt jag hade hört, eller hålla mun och vara stilla?

Det var ett svårt beslut, och Caesars uppförande hjälpte mig inte på traven. Han hade bara blivit outhärdligare. Jag hade skickat honom flera inbjudningar den senaste tiden, och han hade avvisat dem alla.

Det var först efter att jag hörde några av mina slavar

skvallra i köket i morse, som jag äntligen förstod. Caesar ignorerade mig för att hans uppmärksamhet vänts åt ett annat håll. Det verkade som om Caesar vänslades med den där förskräckliga skatan Kleopatra. Enligt ryktena skulle han till och med ta henne med sig till Rom för att bosätta henne i en egen våning. Hur hade jag kunnat vara så blind! Det såg inte alls ljust ut.

Caesars sista dagar

Som Caesars favorittjänarinna tillbringade jag de flesta nätterna vaken, för att ta hand om min herre och höra hans kallelser. Detta var en dag som andra. Från mina rum kunde jag höra klockan som kallade mig till hans sovrum. När jag trädde in i hans rum kunde jag se hans gemål Calpurnia, som drog en värmande mantel över sina sovkläder.

"Han säger att han har ont i huvudet", utstötte hon argt. "Jag ska hitta en annan säng att sova i." Hon drog förbi mig som en virvelvind när hon lämnade rummet. Jag stod bredvid den öppna dörren och väntade på hans befallning. "Åh, min kära Caesaris, hämta något mot åskan i mitt huvud", stönade Caesar. "Jag behöver något snabbt innan jag tappar kontrollen."

Jag sprang genast till köket, där jag gjorde hett te på särskilda örter. Det hade varit en svår månad för min herre. Om det inte var det ena så var det det andra. Han hade just återvänt från en kort helg borta, där han hade undertryckt ytterligare ett uppror i en grannprovins. Han såg trött ut.

Som om kampen mot rebellerna inte var nog, sörjde ett eller två slag i bakgrunden för att vintern år 44 f. Kr. var kyligare än vanligt. Mellan Caesar och Calpurnia gick det utför. Det gick rykten om en annan väninna, och det tyckte Calpurnia uppenbarligen inte alls var roligt.

Arbetsklimatet var också hettat. Många medlemmar av den romerska senaten var uppenbarligen missnöjda med Caesars ledarposition. De hade gett honom oinskränkt makt att regera, men plötsligt verkade senatorerna tvivla på sitt eget beslut. De var oroliga att Caesar skulle avskaffa senaten och lämna dem utan arbete.

Jag hade arbetat i Caesars hus så länge jag kunde minnas. Eftersom jag var tjänarinna i Caesars hus, hade man gett mig namnet Caesaris, som det var brukligt. En av de äldsta tjänarinnorna, som gjorde rent i badhuset, sa att man hade tagit med mig vid återtåget till Rom efter fälttåget i Gallien.

Jag hade ingen aning om vilka mina föräldrar var eller om de fortfarande levde. En av Caesars soldater hade hittat mig övergiven och gömd i skogen. Jag hade klarat mig från en snabb död tack vare Caesar.

De flesta behandlade mig som en tjänarinna, men jag visste att Caesar i sitt stora hjärta hade hittat en särskild plats för mig. Jag behöll mina känslor för mig själv när jag befann mig i husets andra tjänarinnors sällskap, men när jag var ensam med Caesar kände jag bara kärlek och tacksamhet. Jag hade aldrig lärt känna min far, men jag hade lärt känna Caesar. Han var som en far för mig.

Caesar satt på soffan, när jag kom tillbaka med teet. Han drack det långsamt och sa: "Min Caesaris, du har vuxit upp till en förtrollande ung kvinna:" "Jag önskar dig allt gott för resten av dina dagar. Jag kommer inte att tillåta att man lämnar dig på nytt."

Caesars ord vägde tungt i mitt inre, medan jag tigande lämnade rummet. Min Caesar lät nästan som om han förberedde sig på det värsta. Jag visste att Caesar inte haft det så lätt på sista tiden, men hans fiender måste otvivelaktigt inse att de uppförde fel... det hoppades jag åtminstone.

För till slut hade Caesar varit bra för romarna. Med tusentals landsmän som stöttat honom hade han vunnit nya områden, rätt långt från Roms existerande gränser. Dessa erövringar förde stora rikedomar med sig. Det var skriftligen bevisat att Caesar erövrat minst åttahundra städer! Han var en stor befälhavare och en ännu bättre politiker.

Han skapade en poliskår för att beskydda sitt folk, avskaffade mindre meningsfulla skatter och stadgade en lag som förbjöd utpressning. Han gjorde till och med Roms första dagstidning, Acta Diurna, som upptecknade regeringschefernas aktiviteter i folkförsamlingen och senaten. Dessutom skapade han den julianska kalendern, som framgångsrikt ersatte den romerska kalendern. Inte så dåligt, tänkte jag.

Några veckor senare förändrades allt. Den katastrofala morgonen, då jag hörde Calpurnia gråta i sitt rum, bönföll hon Caesar att inte gå till arbetet. Calpurnia förklarade att en dröm hade varnat henne för att en tragisk händelse snart skulle inträffa. Caesar tog varningen inte på allvar och gick till senaten. Han trodde att det skulle bli en normal arbetsdag.

På eftermiddagen var Caesars hus alldeles tyst. En budbärare hade kommit några timmar tidigare för att informera Calpurnia om Caesars död. Caesar hade kommit till senaten den morgonen och stött på en skara ilskna senatorer, som väntade på honom och hade i sinnet att de skulle döda honom. Enligt de rapporter, som dag och natt inträffade hos oss, var det nästan sextio angripare i gruppen. Tjugotre gånger hade man stuckit kniven i honom!

När jag hörde nyheten bröt jag snyftande ihop på mitt rum. Caesar var död. Calpurnia behandlade mig ganska väl, men det hade alltid funnits en distans mellan oss. Caesar hade varit annorlunda. Han hade bara behandlat mig med godhet.

En månad efter mordet hörde jag ytterligare nyheter, den här gången om Caesars sista vilja och testamente, som gjorde mig förvånad och fyllde mig med glädje. Caesar hade angett i sitt testamente, att man efter hans död skulle ge mig friheten. Enligt romersk sed var man tvungen att utrusta en befriad slav med ett hus och en inkomst, och denna sed fördes vidare hos mig.

Nu, många år senare, tänker jag fortfarande på Caesar minst en gång om dagen. Jag vet att Caesar hade en egen dotter vid namn Julia. Även om jag aldrig kunnat påstå att jag var hans rättmätiga dotter, tackar jag dagligen gudarna att de gett mig till en man som var som en far för mig, min välgörare och försvarare, den store Julius Caesar.

ENGLISH

The Young Julius Caesar

My smiling face had a funny way of opening doors for me. All the mothers of my friends thought I was just the cutest young boy and my good manners didn't hurt either. When I knocked on the large wooden door at the home of my buddy Julius Caesar, his mother Aurelia Cotta ushered me into the house.

"Welcome Flavio," she exclaimed with a grin. "Julius is so blessed to have a friend like you."

I graciously accepted her kind words with a nod of my head (and a big smile of course) then headed for the courtyard, where I knew Julius would be playing.

Julius's house was pretty big as Roman houses go. Not the largest in Rome, by any means, but impressive just the same. Julius's father was Gaius Julius Caesar. He was a well-known magistrate and former governor of Asia. Aurelia Cotta was also from one of the better families in Rome so Caesar's family was not poor. Their house sat on a large hill overlooking the city below.

When I found Julius he was amusing himself with a game of knucklebones. The game is played using the small knucklebones of sheep or goats. The object of the game is to throw a handful of knuckles into the air and have as many of them as possible land on the back of your hand. The more knuckles you used the more difficult. As you might imagine, it wasn't an easy game to play but Julius seemed to be enjoying the challenge.

"Oh Flavio," yelled Julius. "I am so glad to see you. I was beginning to go crazy having no one to play with. Well, no one but my sister Julia and the thought of playing with dolls again was just too much for me to endure."

"Now we can play a game of war. You Flavio can be the enemy of Rome and I will be the Great Caesar. The finest soldier Rome has ever seen!"

I was just about to complain about always being the enemy when Julius tossed me a wooden sword from his toy box; the handle of the blade landed inches from my feet. As the next second passed, Julius had already pulled his own sword from the box and was charging me like a raging bull.

I was a big boy for ten and Julius was much smaller but I knew if I didn't act quickly the Great Caesar would have been on my back begging for mercy. I bent over quickly to pick up my sword and deflected Caesar's first blow with the edge of my blade. Our big battle lasted for at least five minutes with swords crashing into one another until I finally retreated. In the end, as expected, the Great Caesar remained victorious.

"Is there anything to eat," I asked, rubbing my stomach with hunger.

"I think the Great Caesar can find a morsel or two for the defeated, said Julius laughing. How does a bowl of figs and honey sound?"

I followed Caesar from the courtyard to the back of the house where the Culina or kitchen was located. In Caesar's kitchen only slaves cooked meals but today the small room was empty.

"They must be in the garden collecting herbs for tonight's meal," said Julius. "We will have to help ourselves it seems."

While the two of us were busy looking in the pantry for the sweet pot of honey some familiar laughter caught our attention. Behind us just entering the room was Julius's sister Julia and her good friend Cornelia.

"Oh God, it's just my ugly sister," Caesar complained.

"How dare you address me in such a manner," Julia responded.

Before Julius could speak again a large wooden stirring spoon came flying through the air, hitting him directly on his backside.

"Bull's-eye," Julia shouted.

Caesar, in turn, started chasing the girls around the kitchen encouraging me to join the battle. As I followed Julius like a good soldier I noticed he was spending all of his energy trying to catch Cornelia and not Julia. When he finally caught up with her and took her by the arm, the young Cornelia objected.

"It's not me that you want Julius."

"Not true," Caesar said, whereupon everyone began

to giggle and laugh. Cornelia was also beginning to blush. With that both girls scampered off into the house leaving the two of us to our honey.

"Another battle won," I commented to Caesar as we ate.

"Almost won," he replied. "But I will marry that girl one day."

I believed him without a doubt. My friend Julius was not just another ordinary boy. There was something about him that was different. Time would tell the tale.

When Julius was only fifteen years of age his father died and soon after his whole world began to change. We had been close up until then but after his father's death we slowly grew apart. I was busy working on my family's plantation helping tend the vineyards and Julius was beginning a new career with the army.

His exploits as a soldier and then as a commander were the talk of the town. Despite his young age Julius quickly became a great soldier and more importantly, a great leader.

There had been a rumour in those early days that he was to marry but, for reasons unknown to most, the marriage never occurred. However, the reason was quite clear to me. She simply wasn't his true love.

Several years later at the age of eighteen Julius Caesar finally did marry. The bride was the very same girl he had chased so long ago in his father's kitchen; Cornelia!

Kidnapped

The young Julius Caesar stood at the bow of the roman grain ship and looked out at the sea before him. The boy I cared for years ago had grown quickly into a very handsome man.

As his personal physician I knew all too well how capable a man Julius had become. But his mother, a bit of a worry wart, had the idea that Caesar couldn't tie the laces of his sandals without a legion of helpers at his side! I was hired to babysit.

The heavy fog from earlier that morning was just beginning to lift. I joined Julius on the deck and we both quietly watched the sun break through the clouds. He was on his way to the island of Rhodes to study philosophy and I had been sent with him on this journey by his mother. This trip to Rhodes would be a short but welcome retreat from the daily demands of a busy Rome for both of us.

Julius had just settled down on a small keg of rations and was starting to read a book he had pulled out from under his cloak and that's when the action began. I was about to leave him to his studies when a loud and disturbing thud shook the ship. If it hadn't been for Julius's strength and speed this old doctor might have been thrown right over the side of the ship and into the sea. I mumbled a quick thank you as he steadied me on my feet.

Then we both turned to see what had caused such a loud noise and saw a smaller ship boasting a foreign flag hugging the east side of the stern. Caught by surprise, we were suddenly in the unwelcome company of sword wielding pirates!

A friend, who was also accompanying Julius on this trip, staggered to the deck from the hull below. His name was Caro and he owned a plantation not far from the city of Rome. The three of us stood frozen in silence as the band of Cilician pirates boarded the grain ship.

We knew immediately that the pirates were not interested in the valuable grain in the hull of the ship. Instead of wheat these pirates directed their interest to Caesar himself and the sizeable ransom they could get for his release.

Julius was a brave and courageous man, but he understood he was outnumbered by the intruders. The Cilician pirates had been a thorn in the side of Rome for years now. However, they were a problem the Roman armies often ignored because they brought the Roman nobility slaves and free labour. But now, with a sharp sword held dangerously close to Caesar's throat, the habit of ignoring the pirates seemed a poor practice.

The pirate who was clearly the leader eventually approached Julius. He had a wicked smile on his face. I knew he was the leader only because he talked the most and carried a belly bigger than the rest. He was a man who clearly enjoyed giving orders more than taking them.

"My dear Julius Caesar, we finally meet. I am sad it could not be under better circumstances but men of commerce, like myself, need to strike when the opportunity presents itself."

"Of course", Caesar responded. "But I am surprised considering your great size that you didn't sink this ship and all on it when you boarded her today."

The leader of the pirates began to laugh.

"Caesar, I knew you would be valuable to me but I never imagined you would be entertaining. Not only will we earn a hefty sum of twenty talents for your return but we will enjoy a joke or two as well."

"Twenty talents, Caesar shouted angrily. Who do you think you are kidnapping, anyway? I am worth twice that much. I will guarantee you fifty talents for my release!"

The pirates who were always in search of a good deal accepted the offer from Caesar right away and without argument. The pirates then took Caesar and I off the grain ship and onto the pirate ship. Caro was left behind. It was his job to travel on to the closest city and raise the ransom.

For the next thirty eight days Julius and I were held captive on the pirate's ship. As the days passed I was surprised to see how quickly Caesar made friends with his kidnappers. He would spend all of his time telling jokes and making them laugh. . He read them poetry and recited speeches. If anyone criticised his performances he would respond by calling them savages and threatened to hang them all as punishment. The pirates, on the other hand, viewed Caesar's tongue with amusement thinking him more simple than wise.

After thirty eight days Caro returned, the ransom was paid and we were given our freedom. Much to my surprise, instead of continuing his trip to Rhodes, Caesar proceeded to Miletus where he hired ships and men to give chase to the pirates.

Meanwhile, back on the pirate ship, the fat pirate and his crew had already forgotten about the young Caesar. They were busy celebrating their victory when suddenly a loud and disturbing thud shook the ship. The fat pirate and his bag of ransom money went flying through the air, crashing into a wall and falling to the floor.

When he rushed up onto the deck to see what all the commotion was about he was horrified to see a big Roman warship had rammed the side of his vessel. The tables had suddenly turned! Standing before him was Caesar waving his sword angrily in the air with a hundred Roman soldiers behind him. A short battle took place and all the pirates were captured.

Caesar had been a man of his word. As promised, each and every one of the pirates was put to death. Caesar, on the other hand, escaped the battle with no more than a scratch. While I was bandaging his small wound, Caesar looked down at his old doctor. Holding tightly to a bag of coins he spoke,

"I told you that I was worth fifty talents."

Caesar, I thought to myself, had just had the last laugh!

Macresco

I was barely twelve years old when they sent me to work as a slave with the tent keepers on Julius Caesar's military campaign in Gaul. The name given to me by the Romans was Macresco, which is Latin for skinny. When I first met my master, the great Caesar, he said "You're so skinny when you turn sideways you disappear!" My small thin frame was amusing to some, but I always managed to get the job done.

Julius Caesar was very kind to me and valued the work I provided. "You are a hard working boy for your size", he would say. "When we put some meat on your bones and you get a few more years under your belt we will have a fine soldier in our ranks."

My job as a tent keeper involved putting up and taking down Caesar's tent when he was out on the battlefield. It was a large tent, almost as big as the average Roman home. It took at least a dozen of us to set the sturdy poles into the ground.

We would then pull large sections of goat or calf hide over the tops of the poles and anchor them to the ground with thick wooden stakes. Despite the hard work we often laughed and liked to crack jokes saying, "this work is so hard and intense ... in tents ... get it?" Apparently it didn't take much to make us laugh.

Once the tent was in place we would unload all the supplies from the donkey pulled carts and move them into Caesar's tent. Caesar had everything he needed in his tent; chairs and tables as well as a large bed with thick sheepskins to keep him warm. Close by Caesar's huge tent we would set up a smaller tent where all the slaves could cook his meals and attend to his daily needs.

Our commander's tent was always erected far from the battle to avoid threat of attack. But even a safe distance could not mask the sounds of war. While repairing tears in the tent walls I could easily hear the thunder of horse's hooves and the deadly clanging of metal as sword met sword.

The war in Gaul would last longer than anyone expected. From beginning to end it would span almost nine years. My service to Caesar began when I was twelve and continued into adulthood. But my years spent as a tent keeper ended when I was just seventeen.

On my seventeenth birthday I was granted my freedom by Julius Caesar with thanks for my years of loyal service. Right away, I was asked to continue serving Caesar as a free man ,by becoming a soldier under his personal command.

I accepted the offer to serve in Caesar's army gladly. As a tent keeper he had treated me fairly. While growing up on the job the talk among soldiers was always favourable when they spoke of their leader. Caesar shared his wealth with his soldiers and paid them promptly. Soldiers under Caesar also were given parcels of land as rewards upon retirement.

"Why wouldn't I join the ranks?", I thought to myself. "I would be foolish not to."

In the years that followed I fought alongside Caesar. With every battle won we advanced further into Gaul, conquering one tribe after another as we moved west. Caesar earned his soldier's loyalty. When he commanded his troops in battle it was Caesar himself who led the charge. He was fierce in battle; whether on his horse or on the ground, Caesar handled his sword with great skill. He was born to fight and his men fought willingly by his side.

Our battles in Gaul were not all victories. There were some setbacks. Just when Caesar thought he had conquered Gaul a revolt erupted from within, led by Vercingetorix. The Big V, as Caesar would call him, proved to be a worthy opponent. This new thorn in the side of Caesar quickly reunited the Gallic tribes and defeated Caesar's troops in the next few battles!

But Caesar wasn't ready to give up his newly acquired territories without a fight. In the Battle of Alesia, Caesar and his men were able to encircle Vercingetorix and his garrison of 80,000 men. His strategy was simple yet effective. He dug a series of trenches, complete with guard towers, around the whole town. Unable to get food or supplies, the Big V was forced to surrender. This battle marked the end of the Gaul campaign and made Caesar the final victor.

When Caesar returned to Rome I followed. I had been rewarded nicely for my loyalty and was looking forward to my retirement the hard military life. As we retraced our steps back to Rome, I was shocked to see the waste and destruction before me. I had been a willing participant in all of this and was beginning to feel tremendous shame and regret.

As we continued our trek home Caesar directed the troops to take Gauls from the conquered provinces as slaves, to be put up for auction in Rome. It wasn't just able bodied men; women and children were taken too. By the time we got to Rome the head count of slaves taken, numbered in the thousands.

It was something I couldn't ignore. Being a slave once myself, I was suddenly horrified to see a part of Caesar that I never knew existed. I wondered to myself, as I entered the gates of Rome, what kind of future lay ahead for the Great Caesar. Indeed I thought I caught a glimpse of a few frowning senators as we headed into the city. Would the Roman citizens, cheering so wildly now, eventually change their minds about this popular leader? Only time would tell …

Servilia – The Other Woman

There were two things in Julius Caesar's life that held great importance to him. The first was a good fight that ended with his truly being the only victor and the second was the love of a good woman.

As every Roman knew well, Caesar had his share of both. His military conquests were legendary and he was currently working on his third marriage. While Caesar never made me a wife I was someone who had graced his life through two of these three marriages. In fact, our special friendship had already spanned almost twenty five years.

In appreciation for the good things I offered Caesar I was given a large house in Rome with all the trappings a person of my stature deserved and expected.

"Servilia, you are not just another pretty face," he would whisper in my ear. "You deserve all of this and much more."

I, of course, agreed wholeheartedly with everything Caesar said. It was definitely true. I was more than just a pretty face; I was smart. Caesar knew it and I knew it!

Whenever I was in the company of Caesar I would flirt with him like a schoolgirl. And Caesar would always respond like a young lovesick boy. So much, in fact, that after returning from his military campaign in Gaul he brought me a beautiful black pearl as a gift. He thought of me even in the heat of battle. His wife, Calpurnia, might have received a ceremonious peck on the cheek but I got precious stones!

In the early years of my friendship with Caesar he was away most of the time leading his armies against the enemies of Rome. While he was gone I was left with the job of raising my only son. Brutus's father had been killed years ago.

By the time Caesar made his final return to Rome, Brutus had grown into a handsome man. He had become a statesman and soon after that, a member of the Roman senate. I was pleased with his success and I thought Caesar would be impressed with him as well. As it turned out, I couldn't have been more wrong.

When Caesar returned triumphantly from years of war his taste for power continued in the political arenas of Rome. Out of respect and fear, the Roman Senate named Caesar "dictator in perpetuity".

This meant that Julius Caesar would remain in power for as long as he lived. The idea of Caesar being in power that long never bothered me much. After all he was the star charioteer and I was his adoring cheerleader. After so many years, we were still a match made in heaven.

But now there was talk among members of the Senate that Caesar's new position would threaten their position as well as the Senate itself. I knew of all this talk because my son Brutus was a Roman senator and my half-brother, Cato, was an elected Senate member as well.

Some nights at the dining room table, when family members gathered, all I could hear would be loud and nasty remarks about my Caesar. I remained silent during most of these discussions. My family was not aware of my relationship with Caesar and I wasn't about to let the cat out of the bag now.

One night, while I was quietly reading in another room of my house, I heard my son Brutus in the great room entertaining what sounded like a large number of other men. I recognised Cato's voice and a few of the others, but many were strangers to me. At one point, I heard Brutus shouting:

"And what if he abolishes the Senate and everyone in it? What will become of us and what will this mean to the free people of Rome?"

Brutus' remarks were followed by others and I listened breathlessly as the crowd of men turned into a loud, blood thirsty mob. Their mood was dark and I was suddenly afraid, not just for Caesar but for myself as well.

What should I do? The question continued to plague me over the next few months. Should I betray my family and speak to Caesar about what I was hearing or keep my mouth shut and remain silent?

It was a tough decision and one that Caesar wasn't making any easier. He had become increasingly annoying. I had sent a few invites his way recently and he had turned them all down.

It was only after hearing some of my slaves chattering in the kitchen this morning that I finally understood. Caesar was ignoring me because his attentions were going elsewhere. It appeared Caesar was cozying up to that awful sand flea, Cleopatra. Rumour had it he was even bringing her to Rome and setting her up with her own apartment. How could I have been so blind!

Things didn't look good at all.

The Last Days of Caesar

As Caesar's favourite servant I spent most nights awake answering his calls. This day was no different. From my chambers I could hear the bell beckoning me to his bedroom. When I entered the room I could see his wife Calpurnia pulling a warm cape over her nightclothes.

"He says he has a headache," she barked angrily. "I will find another bed to sleep in." She stormed by me as I stood at the open door awaiting his command.

Sie verließ das Zimmer wie ein Wirbelwind an mir vorbei.

Jag stod bredvid den öppna dörren och väntade på hans befallning.
Ich stand neben der offenen Tür und wartete auf seinen Befehl.

"Oh, my dear Caesaris bring me something for the thunder in my head," moaned Caesar. "I need something quickly before I lose all control."

I immediately scurried down to the kitchen where I made a warm tea from special herbs. It had been a trying month for my master. If it wasn't one thing, it was another. He had just returned home from a short weekend away, squashing yet another rebellion in a neighbouring province. He looked tired.

As if fighting the rebels wasn't already enough, there was a battle or two on the home-front that was making the winter of 44 BC colder than usual. Things between Caesar and his Calpurnia were going downhill. There was talk about another girlfriend and Calpurnia was clearly not amused.

The climate at work was heated as well. Many of Rome's Senate members were clearly unhappy with Caesar's leadership. They had given him the sole power to rule but suddenly the Senators were questioning their own decision. They were now worried that Caesar might abolish the Senate, leaving them without jobs.

I had worked in the house of Caesar for as long as I could remember. Because I was a servant in the house of Caesar, I had been given the name Caesaris, as was the custom. One of the older servants who cleaned the bathhouse said I had been brought back to Rome after the Gaul campaign.

I had no idea who my parents were or whether they were even still alive. I had been found by one of Caesar's soldiers, abandoned and hiding in the forest. By the grace of Caesar I had been saved from a quick death.

I was still treated by most as a servant but I knew that Caesar found a special place in his big heart for me. I kept my feelings to myself when I was in the company of the other house servants, but when I was alone with Caesar; I felt only love and gratitude. This was the closest I would ever come to having a father in my life.

Caesar was sitting on the sofa when I returned with his tea. He drank it slowly and then spoke. "My Caesaris, you have grown into a lovely young woman. I wish only the best for you in the days ahead. I will not see you abandoned again."

Caesar's words weighed heavily on me as I quietly exited the room. My Caesar almost sounded like he was preparing himself for the worst of times. I knew Caesar was having a bad time of late, but surely his enemies would see the error of their ways ... or so I hoped.

After all, Caesar had been good for Romans. With thousands of his countrymen behind him, he had won new territories well beyond the existing borders of Rome. With these conquests came great riches. It was a matter of written record that Caesar had conquered at least eight hundred cities! He was a great military commander and an even better statesman.

He created a police force to protect his people, abolished unreasonable taxes and made a law forbidding extortion. He even produced Rome's first newspaper, the Acta Diurna, which chronicled the activities of government leaders in the Assembly and the Senate. In addition, he created the Julian calendar which successfully replaced the Roman calendar. Not too shabby at all, I thought.

Several weeks later everything changed. That fateful morning I heard Calpurnia crying inside her bedroom chamber. She was begging Caesar not to go to work. Calpurnia was claiming a dream had warned her that a tragic event was about to occur. Caesar laughed the warning off and proceeded to the Senate for what he thought would be a normal day of business.

By mid-afternoon, the house of Caesar was dead quiet. A messenger had arrived a few hours earlier to inform Calpurnia of the assassination of Caesar. Caesar had arrived at the Senate that morning to find a mob of angry senators waiting with murder on their minds. According to reports that trickled in later that day, there were almost sixty attackers in the group. Caesar had been stabbed twenty three times!

When I heard the news I collapsed in my room, sobbing. Caesar was gone. Calpurnia treated me nicely enough but there was always a distance between us. Caesar was different. He had treated me only with kindness.

Within a month of the assassination I heard more news, this time from Caesar's last will and testament, that left me shocked and overjoyed. Caesar had left instructions in his will that I be freed upon his death. As was the Roman custom, he was obliged to provide a freed slave with a house and a means of support and this promise to me was kept.

Now, many years later, I still think of Caesar at least once every day. I know Caesar had a real daughter of his own named Julia. While I could never claim to be his legal offspring, I thank the Gods daily for providing me with a man who was like a father; my benefactor and champion, the great Julius Caesar.

Printed in Great Britain
by Amazon